※地図は、見やすいように簡略化したもので、島などは一部省略しています。

JN023111

北アメリカ州の国
➡第**5**巻 36、38ページ
カナダ／ハイチ(P19)／パナマ

アメリカ
➡第**2**巻

南アメリカ州の国
➡第**5**巻 37、39〜40ページ
アルゼンチン／チリ
ブラジル／ペルー

オセアニア州の国
➡第**5**巻 42〜45ページ
オーストラリア／ニュージーランド
ミクロネシア／マーシャル諸島

もっと調べる

世界と日本のつながり

アメリカ

[監修] 井田仁康

2

岩崎書店

もっと調べる
世界と日本のつながり❷
アメリカ

もくじ

パート 1

アメリカってどんな国？

©Mikelandelo1/shutterst…

パート 2

あれもこれも
アメリカ生まれ？

パート 3
子どもたちの毎日を
のぞいてみよう

パート 4
人やモノの
つながりを見てみよう

©米海軍横須賀基地

※ 地図は簡略化して掲載しています。島などは一部省略しているページもあります。都市間を結ぶ線は経路を示すものではありません。
※ 国名、首都名は、日本外務省の表記をもとにし、一般的によく使う略称でも表記しています（例：アメリカ合衆国→アメリカ）。
※ 主な数値は、日本外務省ホームページ、『世界国勢図会 2019/20年版』（矢野恒太記念会）、『データブック オブ・ザ・ワールド 2019』（二宮書店）などを出典としています。
※ とくに記載がないものについては、2019年12月までの情報をもとに執筆、作成しています。

アメリカって どんな国？

日本人がいちばん 身近に感じる国

日本とアメリカは同盟国として、深くかかわっています。
日本の生活にも、アメリカの影響が多くみられます。

女の子に
人気の名前
エマ

男の子に
人気の名前
リアム

日本

1月1日
5：00

東京

結びつきの強い同盟国

　アメリカ合衆国は、1776年にイギリスから独立した国です。歴史は短いものの、第二次世界大戦で勝利した後、世界一の大国となりました。戦争では日本とアメリカは敵国でしたが、終戦後は、自由や民主主義という同じ考え方をもつ国として、同盟国となりました。現在まで、経済、政治、文化など多くの分野で協力し合っています。

　日本にとってアメリカは、重要な同盟国。生活においても強く影響を受けています。たとえば、ハンバーガーやジーンズなども、アメリカからやってきた文化です。日本のプロ野球選手がアメリカの大リーグに移籍して活やくすることも増えてきました。日本人にとって、身近に感じられる国だといえます。

正式名 **アメリカ合衆国**
英語 United States of America, USA
首都 **ワシントンD.C.**
主な言語 **英語**
面積 **約983万㎢**
人口 **約3億2,677万人**（2018年）
宗教 **主にキリスト教**

国旗 星条旗

星条旗は、独立宣言の翌年に制定。初代大統領のワシントンは、「星は天を、赤地は母国イギリスを、白い線はイギリスからの独立をあらわす」と言いました。

アメリカ合衆国
（アラスカ）

星の数は、そのときの州の数をあらわす。現在は50州あるので、星は50個。

13本の赤と白の線は、独立した当時の13の州をあらわしている。

カナダ

12月31日
15：00

ニューヨーク

東京とニューヨークの距離

約**10,870**km

東京とニューヨークでは14時間※も時差があるんだ！

アメリカ合衆国

ロサンゼルス

ワシントンD.C.

アメリカ合衆国
（ハワイ）

メキシコ

※夏は、デイライト・セービング・タイム（いわゆるサマータイム）があり、そのときの東京とニューヨークの時差は13時間。

通貨 ドル（アメリカ合衆国ドル）

※たんに「ドル」とよぶほか、USドル、米ドル、アメリカドルとよぶこともある。

1ドル

5ドル

10ドル

20ドル

50ドル

100ドル

1セント	5セント	10セント	25セント	50セント	1ドル
ペニー	ニッケル	ダイム	クォーター	ハーフダラー	ダラーコイン

愛称

1ドル＝108.61円（2019年7月現在）

アメリカの通貨は「ドル」と「セント」です。紙幣は1ドルから100ドルまで、すべて同じ大きさです。硬貨は、10セント硬貨が1セントや5セント硬貨より小さいなど、価値と大きさは一致しません。

硬貨はそれぞれ、「ペニー」などの愛称でもよばれます。

州によって風土がちがう

アメリカは、ロシア、カナダについで世界第3位の国土面積をほこります。広大な国なので、地域によって気候も文化も産業もことなります。

アラスカ州

アラスカでは氷河やオーロラ、ヒグマ、アザラシなどが見られる。

11：00

シアトル

ワシントン州

モンタナ州

オレゴン州

アイダホ州

ワイオミング州

ネバダ州

サンフランシスコ

ユタ州

コロラド州

ラスベガス

カリフォルニア州

アリゾナ州

ニューメキシコ州

ロサンゼルス

12：00

13：00

©カリフォルニア州観光局

ぶどう園が続くカリフォルニア州。ワインの名産地。

ハワイ州

ホノルルの月平均気温
1月：**23.0**℃
7月：**27.4**℃
1年を通して暖かい。

ハワイ州

10：00

地形や気候がことなり、文化やくらしもそれぞれ

　アメリカの国土面積は約983万km²。日本の約26倍もの広さです。東西に広がっているので国の中で時差※があり、西海岸のサンフランシスコと東海岸のニューヨークでは3時間もことなります。また、アラスカやハワイもふくめて

※夏は、デイライト・セービング・タイム（いわゆるサマータイム）を採用している州があり、上記の時間帯と異なる場合がある。

カナダとの国境にあるナイアガラの滝。

ノースダコタ州

ファーゴの月平均気温
1月：−12.6℃
7月：21.6℃
寒波がくると最低気温が−30℃以下になることもある。

メーン州

ニューハンプシャー州
バーモント州
マサチューセッツ州
ロードアイランド州
コネチカット州

ニュー
ヨーク州

ニューヨーク

ノース
コタ州

ミネソタ州

ウィスコン
シン州

ミシガン州

ペンシル
ベニア州

ニュージャージー州
デラウェア州
メリーランド州

サウス
コタ州

シカゴ

デトロイト

アイオワ州

オハイオ州

ワシントンD.C.

ブラスカ州

イリノイ州

インディ
アナ州

ウェスト
バージニア州

バージニア州

カンザス州

ミズーリ州

ケンタッキー州

ノース
カロライナ州

テネシー州

サウス
カロライナ州

ニューヨーク市の超高層ビル群。

オクラホマ州

アーカン
ソー州

アラバマ州

ジョージア州

ミシシッピ州

同じ国でも
時差があるんだ！

フロリダ州

テキサス州

ヒューストン

ルイジアナ州

マイアミ

14：00

15：00

　50の州があり、州ごとに法律を定めることができます。寒波で南極よりも寒い州もあれば、とこなつのハワイのような州もあります。地域ごとに気候や風土がことなり、農業や工業、さまざまな産業が発展しています。

　農業では、小麦、とうもろこし、大豆、綿花、肉類などを世界へ輸出しています。工業では、石油や石炭などの資源が豊富な一方、消費量も多いといえます。近年では、コンピュータや宇宙開発などの研究もさかんです。

多様な人種・民族がくらす

現在、アメリカにくらしている人の多くは、16世紀以降にさまざまな国からやってきた移民の子孫たちです。そのため、さまざまな人種や民族が共存しています。

ことなる人種や民族が集まった社会

アメリカ大陸にはもともとネイティブ・アメリカンがくらしていましたが、16世紀以降、イギリスをはじめヨーロッパから移民が訪れ、植民地にしました。その結果、ヨーロッパ系を中心に、アフリカ系、アジア系、ヒスパニックなど、さまざまな人種や民族がくらす国になりました。さまざまな野菜が組み合わさった「サラダ・ボウル」のように、多様な人種・民族がたがいの民族性を守りながら共存し、ひとつの国にまとまっているのです。現代では、ことなる

人種や民族の人どうしが結婚して子どもが生まれたことで、さらに人種・民族は複雑になってきています。2009年にアメリカ史上初のアフリカ系大統領になったバラク・オバマも、父はアフリカ出身の黒人、母は白人です。

ヨーロッパ系

現代のアメリカは、イギリスからの移民によって築かれました。独立後まもない調査では、アメリカの人口の約8割はヨーロッパ系で、そのうちの約6割がイギリス系だったといいます。

アフリカ系

アフリカから奴隷として連れてこられた人びとを先祖にもち、根強く残る人種差別と戦ってきました。苦難を乗りこえるなかで、ジャズやヒップホップなどの音楽や文化を生み出しました。

アジア系

19世紀半ば以降、中国や日本、アジア各国からの移民が増えました。アジア系の移民は低賃金でもよくはたらくため、職をうばわれると心配したヨーロッパ系移民から差別されていました。

アメリカ人の多くはキリスト教徒

現在のアメリカは、イギリスから信仰の自由を求めて逃れてきたピューリタン（キリスト教のプロテスタントの一派）が築きました。そのため、アメリカ人の多くはプロテスタントです。

ほかに、キリスト教のカトリック、ユダヤ教、イスラム教、仏教などを信じる人もいます。

宗教を問わず、ほとんどの人が「神」の存在を信じています。

どんな宗教を信じてもOK

キリスト教
プロテスタント

キリスト教
カトリック

仏教

イスラム教

ユダヤ教

など

© Andrew F. Kazmierski/Shutterstock.com

ニューヨークにあるセント・パトリック大聖堂（カトリック教会）。

ヒスパニック

アメリカに住むスペイン語を話す人びとのことです。メキシコやキューバなど出身地や民族はさまざまで、人口が急増しています。俳優や歌手など芸能界でスターになっている人も多くいます。

ネイティブ・アメリカン

大昔にアジアからアメリカ大陸へ移住してきた先住民で、多くの部族が独立してくらしていました。後から移住した白人に土地をうばわれ、迫害され、人口は激減してしまいました。

ユダヤ系

ユダヤ教を信仰する人びととその子孫をユダヤ人といいます。アメリカにおけるユダヤ人の割合は少ないのですが、高学歴で経済的に成功している人も多く、大きな力を持っています。

歴史のつながりを知ろう

世界の大国であり、自由の国ともいわれるアメリカは、どのような
歴史をもっているのでしょうか。日本とのかかわりも見ていきましょう。

年	主なできごと
1492年	コロンブスがアメリカ大陸に着く
1620年	メイフラワー号がプリマスに着く
~1730年代	13の植民地がつくられる
1775年	独立戦争がはじまる
1776年	「アメリカ独立宣言」がつくられる
1788年	アメリカ合衆国憲法が成立
1789年	ジョージ・ワシントンが初代大統領になる
1800年代	西へ西へと領土を拡大

★‥‥‥‥

アメリカ合衆国は移民たちがつくった

　1492年にコロンブスがたどり着いて以来、イギリス人やフランス人、スペイン人もやってきて植民地をつくりました。
　1620年、イギリスで信仰の自由を求めていたピューリタンの人びとが、メイフラワー号という船に乗って東海岸の北部に到着。先住民から土地をうばうなどして植民地をひろげ、黒人を奴隷として労働させ、やがて13の植民地をつくります。
　まもなく本国イギリスと独立をめぐって対立し、1775年に独立戦争がおこり、翌年に、独立宣言をしました。これが、現在のアメリカの基礎になっています。

独立当時の星条旗は、星が13個だった。

どんどん領土が広がっていったよ

1818年

1846年

1803年

1783年

建国時の13州

1848年

1853年

1845年

1819年

イギリスやフランス、スペインなどから勝ち取ったり、購入したりして、領土を西へと拡大しました。多くの農民も、西へと移動。
　1848年、カリフォルニアで金が発見されたことによる西への大規模な人口移動は、「ゴールドラッシュ」といわれています。

東洲勝月による浮世絵の『米船渡来旧諸藩士固之図』（1889年）。
黒船が来航した当時を想像して描かれたという。

開国後は
福沢諭吉や
勝海舟などが
アメリカへ
わたったよ

年	主なできごと
1853年	ペリーの乗った艦船が、日本に来航 ★
1854年	日米和親条約が結ばれる
1858年	日米修好通商条約が結ばれる
1861年	南北戦争がはじまる ★
1863年	奴隷解放宣言が出される

アメリカ人が日本へ

　西へ西へと領土をひろげたアメリカの人びとは、世界へ進出をはじめました。
　1853年、日本にアメリカ合衆国東インド艦隊司令長官のペリー提督が、艦船4隻をひきいてやってきて、日本に開国と国交を求めました。この事件は、「黒船来航」とよばれています。
　翌年、日本とアメリカの間に国交が樹立。日米修好通商条約が結ばれ、1859年には横浜や長崎などの港が国際貿易港として開港しました。

北部と南部で大ゲンカ！

　奴隷制度を廃止して商業化が進んだ北部に対し、南部は大農場の経営で奴隷を労働力としていたため、両者で争いがおこりました。1861年、奴隷制度に反対するリンカーンが大統領になると、南部は連邦からぬけて、南北戦争がはじまりました。戦争は激しくなり、62万人もの死者を出して南部が降伏しました。
　第二次世界大戦によるアメリカ人の死者が約30万人といわれるので、それより多くの死者を出したのです。

©George Pappas/Shutterstock.com

第16代大統領
エイブラハム・リンカーン

リンカーンといえば、「人民の人民による人民のための政治」という演説が有名。

年	主なできごと
1868年	日本人移民がハワイへわたる ★
1892年	ニューヨークのエリス島に移民局が設置される
1914年	第一次世界大戦がおこる
1920年代	アメリカは好景気に ★
1929年	ニューヨークのウォール街で株価が暴落。大恐慌が発生する
1939年	第二次世界大戦がおこる
1941年	日本軍が、ハワイの真珠湾を攻撃する
1945年	第二次世界大戦が終結する
1951年	日米安全保障条約が結ばれる
1963年	ケネディ大統領が暗殺される
1965年	ベトナム戦争に介入する
1968年	キング牧師が暗殺される
1991年	湾岸戦争がおこる。イラクとアメリカなどの多国籍軍が争う
2001年	9月11日に同時多発テロ事件がおこる
2003年	イラク戦争がおこる

2011年3月11日の
東日本大震災では
「トモダチ作戦」という
大規模な救助・支援活動が
行われたんだ

サトウキビ農場ではたらくためにハワイへ移住した

1868年、ハワイ王国の求めにより、サトウキビ農園の労働者として約150人の日本人がハワイにわたりました。これを機に、日本からの移民は急増し、1898年にハワイがアメリカ領になると、アメリカ本土へわたる日本人も増えました。一方、ヨーロッパ系の移民や労働者は、安い賃金でまじめにはたらく日本人に職をうばわれることをおそれるように。やがて、日本人の移民を追い出そうとする動きも出てきたのです。

大恐慌や戦争を乗りこえて世界の大国になった

19世紀後半、アメリカの工業や経済は急成長し、人びとのくらしは豊かになりました。しかし、1929年、突然に不景気におそわれ、多くの人が失業しました。

アメリカの大恐慌は世界各国に広がり、世界恐慌を引きおこしました。その混乱のなか、ナチスひきいるドイツがポーランドに侵攻したため、フランスとイギリスの連合国が宣戦布告し、第二次世界大戦がはじまります。アメリカは中立の立場でしたが、途中から参戦し、連合国側に勝利をもたらしました。

戦後、アメリカの経済は回復し、世界の大国となったのです。

ニューヨークのマンハッタン地区には、超高層ビル群がひしめいている。

収穫されたサトウキビは、工場で粗糖（砂糖の原料）に加工。袋につめて、船でアメリカ本土へ運ばれた（写真は1910年頃）。

ハワイの農場では、ポルトガル、プエルトリコ、中国、韓国などから移住した人もはたらいていた。作業の合間の食事でおかずを分け合ったことから、ミックスプレートが生まれた。

ハワイの料理「ミックスプレート」にはいろんな国のおかずがのっているわ

ニューヨークのウォール街で株価が大暴落したときには、人びとが銀行にさっとうした。

第二次世界大戦で日本とアメリカが戦争した

　不景気に苦しんでいた日本は、中国などを侵略して領土を拡大することで経済を回復しようとしました。そのような日本の動きをアメリカはけいかいしていました。1941年に日本がパール・ハーバー（真珠湾）を攻撃したのを機に、アメリカも第二次世界大戦に参戦。ドイツ・イタリア・日本などによる枢軸国と、イギリス・アメリカ・ソ連（現在のロシア）などによる連合国が対立しました。1945年8月には広島と長崎への原爆投下がありました。多数の死者と被害を出した日本は無条件降伏し、戦争は終結しました。

戦争の痛ましさを今に伝える原爆ドーム（広島平和記念碑）

州によって祝日がちがう？

アメリカの人びとは、祝祭日を家族や友人とせいだいに祝います。祝祭日は連邦政府（れんぽうせいふ）が定めたものと州が定めたものがありますが、ここでは前者のみを紹介（しょうかい）します。

宗教（しゅうきょう）や民族によって祝祭はそれぞれ！

アメリカは多民族国家で宗教（しゅうきょう）もさまざま。そのため、民族や宗教ごとの祝祭日がある。

春節

1月 2月 3月 4月 5月 6月

1月第3月曜日
キング牧師（ぼくし）の記念日
黒人の公民権（こうみんけん）運動を指導（しどう）したキング牧師（ぼくし）の誕生日（たんじょうび）（1929年1月15日）にちなんだ祝日。

2月第3月曜日
ワシントンの誕生日（たんじょうび）
アメリカ初代大統領（だいとうりょう）ワシントンの誕生日（たんじょうび）（1732年2月22日）にちなんだ祝日。

5月最終月曜日
メモリアルデー
国のために亡（な）くなった戦没者（せんぼつしゃ）を追悼（つい）する日。学年末の時期で、夏のはじまりの日とされている。

1月1日
ニューイヤーズデー

©Wisanu Boonrawd/Shutterstock.com

新年の最初の日は、家族や友だちと集まって過（す）ごします。12月31日の夜にはカウントダウンも行われます。2日からはふだんの生活にもどり、仕事もはじまります。

各地でカウントダウンのイベントが行われ、多くの人が集まる。花火が上がることも多い。

7月4日
独立記念日（どくりつ）

アメリカ独立宣言（どくりつせんげん）のさいたくを記念する日で、各地で花火が打ち上げられます。家族とバーベキューなどをして過（す）ごすことも。

各地でせいだいなパレードが開かれる。星条旗（せいじょうき）や星条旗モチーフのアイテムで愛国心を表現（ひょうげん）。

11月 第4木曜日
感謝祭
最初にイギリスからアメリカにわたってきた人びとが、秋の収穫に感謝したことが起源。七面鳥やカボチャの料理を食べて祝います。

©Alexander Raths/Shutterstock.com

1羽を丸ごと焼いた七面鳥の丸焼きをはじめ、ごちそうが並ぶ。

9月 第1月曜日
レイバーデー
労働者をたたえる日。夏の終わりの日として、家族で出かけるなどして楽しみます。この休みの前後に新学年がはじまります。

7月　8月　9月　10月　11月　12月

10月第2月曜日
コロンブスデー
コロンブスのアメリカ大陸到着を祝う記念日。一部の州をのぞき、休日となる。

11月11日
退役軍人記念日
第一次世界大戦の休戦記念日。後に、すべての退役軍人をたたえる日になった。

12月25日
クリスマス
イエス・キリストの生誕を祝う日。家族や友人にカードやプレゼントをおくったり、ミサに行ったり、集まって食事などをして過ごします。

©Brocreative/Shutterstock.com

©James Kirkikis/Shutterstock.com

ニューヨークのロックフェラーセンター前には、毎年美しいツリーがかざられる。

英語を話さない人もいる

アメリカではみんな英語を話す、と思いがちですが、そうではありません。
たしかに英語を話す人は多いですが、スペイン語や中国語を話す人もいます。

アメリカには
公用語がない!?

　アメリカで広く使われている言語は、最初に移住(いじゅう)したイギリス人の言葉である英語です。けれども、多民族国家なので、英語以外の言葉も使われています。そのため、アメリカは国としての公用語（国が公の場で使うことを定めている言語）を定めていません。ただし、州によっては公用語の決まりがあり、カリフォルニア州など32の州は英語を公用語としています。

　ルイジアナ州ではフランス語、ニューメキシコ州ではスペイン語など、よく使われている言語が公的機関で使用されることも少なくありません。ハワイ州では、英語とハワイ語が公用語になっています。

　一方、英語は世界各地で多くの人が使っている言語なので、英語は世界の共通語ともいえます。じっさいに、国際(こくさい)機関では、アジア人どうしが話すときも英語が使われます。日本の学校教育でも、「外国語教育」として、主に英語を教えています。

● アメリカの家庭で使われている言語（2009-2013年）

1位　英語 → 約2億3,112万人　　ハロー

2位　スペイン語 → 約3,746万人　　ブエナスタルデス

3位　中国語 → 約290万人　　ニイハオ

4位　タガログ語※ → 約161万人　　マガンダン ハポン

5位　ベトナム語 → 約140万人　　シンチャオ

（資料：「Detailed Languages Spoken at Home and Ability to Speak English for the Population 5 Years and Over:2009-2013」米国国勢調査局ACS）

2番目に多く
使われているのは
スペイン語なのね

※タガログ語はフィリピンの公用語である「フィリピノ語」のもとになった言語の1つ。

アメリカ人は名前が先！
　アメリカ人の名前は、名前・姓(せい)の順番であらわします。ミドルネームがある人は、名前・ミドルネーム・姓になります。ニックネームを公式な名前として使うこともできます。

例

ウィリアム
William
ファーストネーム
名前にあたる。

ジェファーソン
Jefferson
ミドルネーム
ない人もいる。

クリントン
Clinton
ラストネーム
姓(せい)にあたる。

ニック
ネーム

ウィリアム　　　ウィル　ビル　ビリー
William ▶ Will ／ Bill ／ Billy など

エリザベス　　　ベス　リズ　イライザ
Elizabeth ▶ Beth ／ Liz ／ Elisa など

公共サービスは
英語以外の言語も使われる

　アメリカに住んでいても日常で英語を使っていない人や、中南米などからの移民でスペイン語しか話せない、といった人も少なくありません。そのため、役所の書類や案内などの公共サービスには英語以外の言語も使われています。

日本の公共サービスも日本語と英語の両方で案内されていることが増えているわ

テレビやラジオも！

　アメリカのテレビは、スペイン語をはじめ、いろいろな言語のチャンネルがあります。
　ラジオや新聞などのメディアも多様で、日本語で楽しめるものもあります。

学校の勉強も！

　英語を母語としない移民の子どもなど、英語をあまり話せず、授業についていくことが難しい場合は、英語を学ぶための授業（English as a Second Language：ESL）を受けることができます。

COLUMN

英語になった日本語も少なくない！

　寿司（sushi）、すきやき（sukiyaki）、とうふ（tofu）、だいこん（daikon）、みそ（miso）などの食べ物から、着物（kimono）、まんが（manga）、カラオケ（karaoke）、柔道（judo）、かわいい（kawaii）などの文化まで、アメリカでも日本語のままで通じる言葉はたくさんあります。一方、ペットボトルなどの和製英語（日本でつくられた英語）はほとんど通じません。

実は通じない和製英語

ペットボトル **PET bottle** ❓
→ 英語では、プラスチックボトル
plastic bottle

ホッチキス **Hotchkiss** ❓
→ 英語では、ステイプラー
stapler

子どもも大人も大好きな味

わたしたちの身近には、アメリカからきたものがたくさん。
子どもたちに人気のハンバーガーもそのひとつです。

ハンバーガー

牛などのひき肉を丸めて焼いたパテを、丸いパンにはさんだ食べ物。
日本では、戦後まもなく米軍基地（べいぐんきち）近くの店でつくられたのがはじまり。

ホットドッグ

細長いパンにソーセージをはさんだもので、ドイツ系（けい）の移民（いみん）がもたらした。名前の由来は、見た目が犬のダックスフントに似（に）ているから、といわれている。

サンドイッチ

イギリス貴族（きぞく）の名前に由来するというサンドイッチ。アメリカでは、ピーナッツバターとジャムをはさんだものが人気で、ランチや軽食の定番。

アップルパイ

生地にりんごをつめて焼いたものだが、国によってつくり方はさまざま。アメリカを代表するデザートで感謝祭（かんしゃさい）のテーブルに並（なら）ぶことも多い。

アメリカのお店は
日本にもたくさん
進出しているね

"かんたん、食べやすい、高カロリー"がアメリカらしさ？

アメリカの食事といえば、ファストフードを思いうかべる人は多いのではないでしょうか。ファストフードの"かんたん、食べやすい、でも高カロリー"といった特徴は、アメリカのなりたちと関係しています。

アメリカは、移民が広大な土地を開拓して築いた国です。人びとは移動しながら生活していたので、かんたんにつくれて、手軽に食べることができ、栄養豊富な高カロリーの食べ物を好

みました。また、牧草地が広がる西部では牧畜がさかんになり、人びとは牛肉をよく食べるようになりました。こうして牛肉を使ったハンバーガーなどのファストフードが生まれ、日本もふくめて世界各地に広がっていったのです。

その一方で、さまざまな国からの移民が母国の料理を持ちこみました。各地の郷土料理はしだいにアメリカ流にアレンジされ、独自の料理になりました。たとえば、お米を使ったジャンバラヤというアメリカ南部の料理は、スペイン料理のパエリアをアメリカ流にしたものと考えられています。

映画館でおなじみのアレもアメリカ発！

ポップコーンはとうもろこしからつくられるスナックで、アメリカ先住民がすでに食べていました。コカ・コーラは、19世紀後半にジョージア州の薬剤師がつくった飲み物。

COLUMN

ヘルシーな日本料理も定番メニューに！

高カロリーなアメリカ料理にくらべて、日本料理は低カロリーで健康的。アメリカでも人気です。

日本料理店の数は、2005年～2010年の5年間で約5,000軒も増加。天ぷらやすきやき、焼き鳥などの料理のほか、1970年代からは寿司が人気になり、アメリカ流にアレンジされたカリフォルニアロールも生まれました。

具はカニかまぼこやアボカド。のりを酢飯の内側に巻いたものも多い。

ジーンズはなぜ生まれた？

子どもから大人まで多くの人が着用しているジーンズをはじめ、
現代（げんだい）の日本人のふだん着にはアメリカ生まれのものが多数あります。

1880年ごろの
金鉱山（きんこうざん）の労働者
たち。ジーンズ
をはいている。

©リーバイ・ストラウス ジャパン株式会社

ジーンズ

　ドイツからの移民（いみん）だったリーバイ・ストラウスは、カリフォルニアの金鉱（きんこう）ではたらく人の作業着として、キャンバス地を使った丈夫（じょうぶ）なワークパンツを生み出しました。その後、素材をデニム地にしたり、インディゴ・ブルーの色にしたり、補強（ほきょう）したりして、現在（げんざい）のジーンズへと進化させていきました。

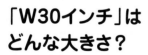
これは
ビックリ！

「W30インチ」は
どんな大きさ？

　ジーンズのサイズは、「W（ウエスト）30インチ」などと表示されています。インチとは、アメリカやイギリスで使われている長さの単位で、1インチは2.54cm。W30は、ウエスト76.2cm サイズとなります。

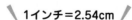
1インチ＝2.54cm

Tシャツ

　Tシャツはもともと水夫の下着だったといいます。1940年代ごろに一般にも広まりました。1950年代になると、映画スターが着ていたことから、若者のファッションになりました。

写真：Collection Christophel／アフロ

1955年に公開された映画『理由なき反抗』。主人公を演じたジェームズ・ディーンは、真っ白いTシャツをジーンズに合わせて、おしゃれに着こなした。

若い人たちの
あこがれ
だったんだ！

スニーカー

　1800年代半ばに生まれた、ゴム底と厚手の布でつくったスポーツ用の靴がスニーカーの起源といわれています。忍び歩くを意味する sneak が、名前の由来です。

アメリカのファッションが日本でも流行！

　アメリカのファッションには、開拓の歴史や戦争が影響しています。作業着としてジーンズが生まれ、2つの世界大戦では労働のために女性がズボンをはくようになり、反戦運動が高まった1960年代後半には"ヒッピー"とよばれる若者たちがふだんからジーンズをはくようになりました。

　ヒッピーのスタイルは映画などを通じて日本の若者にも紹介され、流行しました。今やジーンズは日本人のふだん着として定着しています。

COLUMN

ドレスアップして卒業を祝う"プロム"

　アメリカの人びとは、ふだんはTシャツにジーンズのような楽な服装をしていますが、パーティや仕事のときはきちんとした服装をします。たとえば、高校生活の最後に開かれるプロム（ダンスパーティ）では、男の子はタキシードを、女の子はドレスを着るのがならわしで、みんなで着かざって卒業を祝います。

買い物はどんどん便利に

現代は、スーパーマーケットや通信販売を利用すれば、ほしいものをすぐに買うことができます。こうした便利な仕組みも、アメリカから世界に広がりました。

スーパーマーケットは まったく新しい販売方法だった

アメリカでもかつては、買い物をするときは個人が営むお店に行き、ほしいものを店員に伝えて出してもらっていました。店側が、たなや倉庫から商品を出すので、注文に対応する手間がかかります。そこで登場したのが、客が自分で商品を取るセルフサービスの販売方法。

1920年代にはアメリカ中でよく知られるようになり、スーパーマーケットとよばれるようになりました。自動車の普及とともにスーパーマーケットは大型化し、さまざまな商品をおくようになったのです。

日本では、1953年、紀ノ國屋がセルフサービス方式のスーパーマーケットを開店しました。

自動車で来店する人のために、スーパーマーケットには広い駐車場がある。

各地に同じお店をつくり、商品の仕入れから宣伝まで本部でまとめて管理することをチェーン化という。ウォルマートは、各地にチェーン店があるアメリカ最大のスーパー。

お店へ行かなくても
買うことができるように

　19世紀後半、ミネソタ州のある人物が、農民向けに、カタログを見て商品を販売（はんばい）する方法をはじめました。これが、通信販売のはじまりのひとつとされています。1990年代に入ると、アマゾン（Amazon）などの会社がインターネットを介（かい）して商品を販売するインターネットショッピングをはじめました。

現金（げんきん）を使わない
キャッシュレス化が
進んでいるよ

　後払いで買い物ができるクレジットカードは、1920年代のアメリカで登場し、第二次世界大戦後に急速に広まりました。
　最近では、現金（げんきん）を持たずに買い物できる電子マネーも発達しています。

コンビニエンスストアの原点は、アメリカのテキサス州にあった小さな氷販売店（はんばいてん）。

写真2点：株式会社セブン＆アイ・ホールディングス

COLUMN

コンビニエンスストアは
アメリカで生まれ、日本で育った!?

　日本のコンビニエンスストア（コンビニ）は、食料品から生活用品まで売っていて、とても便利です。
　そんなコンビニも、じつは1920年代のアメリカ生まれ。ただし、アメリカではガソリンスタンドに併設（へいせつ）されていることが多く、日本のコンビニのような品ぞろえではないところも少なくありません。
　独自（どくじ）に進化した日本のコンビニは、韓国（かんこく）や中国、タイ、ベトナムなどのアジア地域（ちいき）へと出店が増加（ぞうか）していて、さらなる海外進出をめざしています。

日本のコンビニは、コピー機や銀行 ATM（エー・シー・エム）、配送・受け取りサービスなども充実（じゅうじつ）している。

もっと速く、楽に、遠くへ

アメリカ人のフロンティア精神は、現代の生活に欠かせない多くのものを
発明・発展させました。車や飛行機などの移動手段もその1つです。

写真：Ullstein bild／アフロ

大量生産がはじまり
みんなの"足"になった

自動車はヨーロッパで発明されましたが、当初は高価で人びとは買うことができませんでした。20世紀初頭、アメリカのヘンリー・フォードがベルトコンベアーを使って大量生産する方法を開発したことで、車の価格は下がり、人びとの移動手段になったのです。1960年代には日本でも自動車産業が急成長し、アメリカに工場を持つようになりました。

大量生産の自動車としてつくられ、1908年に販売されたＴ型フォード。

ロサンゼルス国際空港のターミナル。多くの飛行機が待機している。

©trekandshoot/Shutterstock.com

©佐藤洋一

一人あたりの自動車保有台数は、アメリカが世界トップクラス。

飛行機　都市から都市へと
ひとっ飛び

©ANA

1903年にアメリカのライト兄弟が飛行機を発明したものの、飛行機産業についてはヨーロッパにおくれをとりました。しかし、第二次世界大戦によって多くの軍用機を製造する必要にせまられたことで、航空産業が急成長しました。民間の飛行機が増え、国内外の都市から都市へ、短時間で移動できるようになりました。

全日空のボーイング787型機。アメリカのボーイング社とともに日本の企業などが開発時からたずさわった。

アメリカは発明大国

　アメリカ人は、新しいものを生み出したり、すでにあるものを改良して発展させたりすることが得意です。発明王といわれるエジソンをはじめ、多くの発明家が功績を残しています。

　車や飛行機も、アメリカで発明または改良されたものです。移動手段が発達したことで、人びとの生活は便利になり、海外との交流もさかんになりました。現代では、宇宙開発においても世界のリーダーといえます。

ミシン

1851年、シンガー社が実用ミシンの特許を取得。1865年には、写真のニューファミリー型ミシンがつくられ世界中で販売された。

画像提供：ハッピージャパン

白熱電球

1879年、エジソンは白熱電球を45時間点灯させることに成功。より長く点灯するよう改良を続け、2年後に販売した（左写真は再現したもの）。

画像提供：「あかりの日」委員会
（「あかりの日」ホームページ）

電子レンジ

電子レンジは、20世紀半ば、アメリカの軍需品メーカーで偶然に発明・製品化された。日本では、1959年に現・東芝の国産1号機が完成（写真）。

画像提供：東芝未来科学館

画像：NASA

1969年、アメリカが打ち上げたアポロ11号が初めて月に着陸した。

宇宙船

宇宙への旅も夢じゃなくなった

　1958年にアメリカ航空宇宙局（NASA）が設立されてから、宇宙開発は急速に発達しました。1969年、アポロ11号が月に到達し、1981年にはスペースシャトルの1号機打ち上げに成功、その後の打ち上げには日本人宇宙飛行士も搭乗しました。

　NASAは、日本もふくむ諸外国の協力をえて、月や火星を探索する計画をたてています。

コンピュータで 生活が豊かになった

現代の便利で快適な生活は、コンピュータに支えられています。
人びとのくらしを大きく変えたコンピュータは、1940年代にアメリカで誕生しました。

今につながる コンピュータが登場する

1946年、アメリカのペンシルベニア大学でENIAC という多目的電子計算機が開発されました。ENIAC は、CPU（中央演算処理装置／コンピュータの頭脳といわれる部分で、データ処理を行う）に真空管を用いた巨大なコンピュータで、現在のコンピュータの原型といわれています。

写真：撮影者不明 - U.S. Army Photo/Wikimedia Commons

たくさんの真空管などが使われた巨大な本体。

あれもこれも コンピュータが動かしている

コンピュータには、大型のスーパーコンピュータからマイクロコンピュータまで、多くの種類があります。エアコンや洗濯機などの家電製品、スーパーマーケットのレジ、銀行の ATM、電車や飛行機といった乗り物など、日常生活のさまざまなものにコンピュータが使われています。

どんどん進化して
だれもが使えるパソコンに

　CPU の部品を真空管から半導体に変えるなどして改良を続け、CPU が小型化すると、コンピュータそのものも小型化され、さらに高性能になりました。1970年代に入ると、パーソナル（個人の）コンピュータが誕生。アップル社の創始者・スティーブ・ジョブズらが「Apple II」を発表したのも1977年のことです。パーソナルコンピュータは職場や学校にも導入され、はたらき方やくらしも変わっていきました。

　コンピュータどうしを通信で結んで情報をやりとりできるインターネットが広まると、メール、オンラインショッピング、ホームページのえつらん、SNS※などを楽しめるようになりました。

※SNS（ソーシャル・ネットワーキング・サービス）は、インターネット上で人びとと交流するサービスのこと。

アメリカの主なIT企業

　IT 産業がさかんなアメリカでは、多くの IT 企業が生まれています。なかでも急成長している IT 企業4社を、頭文字をとって「GAFA」とよぶことも。日本でも多くの人がこれらのサービスを利用しています。

グーグル
（Google LLC）
インターネットの検索エンジンで有名。本社はカリフォルニア州。

アマゾン
（Amazon.com）
本社はワシントン州のシアトル。世界最大級のインターネット通販サイトをもつ。

フェイスブック
（Facebook,Inc.）
カリフォルニア州に本社のある IT 企業。SNS でまたたく間に有名に。

アップル
（Apple Inc.）
コンピュータの製造、販売などを行う IT 企業。本社はカリフォルニア州。

COLUMN

日米で競い合うように進化
してきたコンピュータゲーム

　1970年代にアメリカでコンシューマゲーム（家庭用ゲーム機）の開発が進むと、80年代以降に日本が「ファミリーコンピュータ」（任天堂）などを大ヒットさせます。

　そのころ、アメリカでは PC ゲームを開発、というように、日米で競い合いながらゲームは進化してきました。

● 2018年に世界でもっとも売れたゲームソフト

1位 レッド・デッド・リデンプション2

2位 Call of Duty: Black Ops IIII

3位 FIFA 19

4位 大乱闘スマッシュブラザーズSPECIAL

5位 スパイダーマン

（資料：VGChartz「Global Yearly Chart 2018」）

州をまたぐと小学生が中学生に

アメリカでは、小学校に入学する年齢が州ごとにことなります。
日本とはちがうアメリカの学校制度を紹介します。

年齢、民族……。
いろいろな子どもがともに学ぶ

　アメリカの教育制度は、州ごとに決められています。小学校・中学校・高校は、日本では全国どこでも6年-3年-3年ですが、アメリカでは5年-3年-4年の州もあれば、6年-2年-4年の州もあります。義務教育は9～12年間なので、高校までふくまれています。

　学校では、年齢や民族などがことなる子どもたちがともに学んでいます。たがいの文化をみとめ、個性を尊重する雰囲気があります。

3人とも「グレード7（7年生）」
でも、学校はそれぞれ

わたしは
ミドル
スクール！

わたしは
ジュニア
ハイスクール！

ぼくは
エレメンタリー
スクール！

6歳ころ～
エレメンタリースクール（小学校）

　小学校をエレメンタリースクールといい、6歳前後で入学し、5～6年間勉強します。少数ですが、4年制や8年制の小学校も。アメリカでは学年を「グレード」であらわし、小学1年生は「グレード1」といいます。

就学前
キンダーガーテン

　就学前の1年間（日本なら幼稚園の年長）は、キンダーガーテンに通います。キンダーガーテンの多くは、小学校に併設され、多くの州ではこの年齢から義務教育がはじまります。

これは
ビックリ！

学校に通わない"ホームスクール"もOK

　アメリカでは、学校には通わずに家庭で教育を受けるホームスクールもみとめられています。保護者が勉強を教えたり、オンライン教材を使って学習したりします。
　2007年時点で、ホームスクールの児童・生徒は全米で150万人ほどいて、それ以降も増えています。

1年間の主なイベント例（小学校）

※州や学校区によって、学校制度はことなる。学期も2学期、3学期、4学期などいろいろ。ここでは2学期制の一例を紹介。

1学期

8月 新学期
8〜9月に新学期がはじまることが多い。

9月

10月 ハロウィン
コンサートや演劇、遠足、スポーツイベントなど、さまざまな行事が開催される。

11月 コンサート

12月 冬休み
冬休みは約2週間。クリスマス、新年と楽しみが続く。

2学期

1月

2月 演劇

3月 春休み
3月ごろに春休みがある。

4月

5月

6月 夏休み
6月ごろが学年末となることが多く、3ヵ月ほどの長い夏休みに。

7月

11、12歳ころ〜
ミドルスクール、ジュニアハイスクール（中学校）

14歳ころ〜
ハイスクール（高校）

　日本の中学校にあたるものがミドルスクールやジュニアハイスクールで、高校はハイスクールです。高校を卒業する時期には、男女ともドレスアップして参加する「プロム」というダンスパーティが開かれます。

18歳ころ〜
カレッジ、ユニバーシティ（大学）

　2年制大学をカレッジ、4年制の総合大学をユニバーシティ、それ以外の4年制大学をリベラルアーツカレッジといいます。試験の結果と高校での成績、推せん状、課外活動の記録などを志望大学に送り、合否が決まります。

アメリカには歴史と伝統のある大学がたくさんある。写真はアメリカでもっとも入学が難しい大学のひとつとされるスタンフォード大学。

©佐藤洋一

COLUMN

何歳であっても、自分にぴったりの学習ができる

　アメリカには中学・高校・大学に入学する年齢に制限がなく、本人の学力や発達段階に合った学年で勉強する環境が整えられています。いわゆる「飛び級」。本来の年齢より早く入学したり、ある学年を飛ばして上の学年で学ぶこともできます。反対に、学力が足りていなければ留年となります。

小学生の１日を見てみよう

日本の小学校では、歩いて登校し、教室で給食を食べ、そうじをする、というのが一般的です。では、アメリカの小学生はどんな１日を過ごしているのでしょうか。

化粧をしたり
ピアスをつけたり
よそおいは自由
なことが多いの！

スクールバスが STOP サインを出して停車している間は、まわりの車も一時停止する。子どもたちが安全に乗り降りするための交通ルール。

©Stuart Monk/Shutterstock.com

黄色のスクールバスで学校へ

学校の近くに住む子どもは歩いて登校しますが、多くはスクールバスを利用するか、保護者が車で送ります。

車を使う理由は、学校まで遠いことと安全のためです。

校内には警備員がいて、不しん者がいないかなどを見回っています。

「忠誠のちかい」をして１日がスタート

朝の会では、教室にかかげられた星条旗（国旗）に向かって起立し、手を胸にあてて、「忠誠のちかい」を声に出して言います。これは、ほとんどの学校で行われている日課です。

宗教上の理由から、参加しない自由もみとめられています。

写真：AP／アフロ

先生によって
授業内容が変わる

日本では、全国どこの地域でも一定水準の教育を受けられるように、国（文部科学省）が基準をつくっています。

一方、アメリカには国の基準はなく、州や学区の教育委員会が定めているため、どの教科を何時間受けるかは、州や学区によってちがいます。また、どのような授業を行うかは、それぞれの先生にまかされています。

きっちりした時間割がない!?

日本では、何曜日にどんな科目の授業があるのか決まっているが、アメリカでは、そこまできっちり決まっていることはあまりない。担任の先生が行う授業は、進み具合などに応じて時間や順番が調整されることが多い。子どもの学力に応じて、個別の授業やプログラムが行われることもある。

小学校の主な科目

- 英語（国語）
- 社会
- 英語以外の言語
- 算数
- 体育
- コンピュータ
- 科学（理科）
- 音楽
- 美術 など

理科や音楽などで、担任の先生以外の授業を受けるときは、子どもたちがその先生の教室へ移動する。

先生に合図をしたり、目印をつけるなどのルールを守れば、授業中でも気軽にトイレに行くことができる。

積極的に手を上げてどんどん発言や質問をする。

教科書は1年間子どもたちに貸し出されるシステム。書きこみはしないで、よごさないように使う。

机やいすの配置や席順は、先生の工夫によってそれぞれ。みんなで集まって床に座るなど、リラックスして授業を受けることも。

ランチタイムは
カフェテリアで

ランチは、校内にあるカフェテリアに移動して食べます。

カフェテリアに用意された給食を食べる子どももいれば、家庭から持参したサンドイッチなどのお弁当を食べる子どももいます。

宗教や文化がさまざまなので、同じものを食べることは難しいのです。

そうじは
清掃員にまかせる

日本の小学校では子どもたちが教室内をそうじしますが、アメリカにはそのような習慣はありません。子どもが下校した後に、清掃員が校内をすみずみまでそうじします。

まかせることで勉学に集中！という考えだよ

COLUMN

1年間同じではなく
季節ごとのスポーツを楽しむ

アメリカでは、子どものころから、シーズンごとにことなるスポーツにはげむことが一般的。たとえば、秋にはアメリカンフットボールをして冬にはバスケットボールを楽しみ、春にはテニスをします。これは、中学や高校、大学でも同じ。シーズンスポーツといいます。

季節ごとに好きなスポーツを選ぶことで、さまざまな競技を体験することができるのです。

例

秋の
スポーツ
- アメリカンフットボール
- サッカー
- バレーボール

冬の
スポーツ
- バスケットボール
- アイスホッケー
- 水泳

春の
スポーツ
- 野球
- 陸上
- テニス　など

アメリカ人はパーティが好き

パジャマで過ごす
パジャマデーを
行う学校もあるよ

アメリカ人は、みんなでパーティを楽しむことが大好き。
学校でも、イースター、ハロウィン、クリスマスなど、
季節ごとにパーティを開いています。

毎年 **4**月ごろ イースターパーティ

春のイースターは、キリストの復活を祝うお祭り。春分の日の後、最初の満月から数えて最初の日曜日がその日にあたります。

学校でも家庭でも、ごちそうを食べたり、カラフルに色付けしたゆで卵（卵型のケースにお菓子を入れたものを使うこともある）を探すエッグ・ハントという遊びをしたりして楽しみます。

毎年 **10**月**31**日 ハロウィンパーティ

ハロウィンは、死者の祭りが起源。カボチャに顔をほってランタンをつくったり、子どもたちは夜になると「トリックオアトリート（お菓子をくれないといたずらするぞ）」と言いながら近所の家をまわってお菓子をもらったりします。

学校では、おばけの仮装をして登校し、ゲームなどを楽しむことが多いようです。

留学生に聞いてみよう

Frank Pridgen

プリジョン フランクさん
（筑波大学大学院　2年生）

日本で英語を教えていて
より深く学びたくなりました

大学で日本語・日本文学を学んだ後に来日。日本で数多くの学校で英語を教えるうち、日本の大学院で、もっと日本について研究したくなりました。

出身はココ！

アメリカ合衆国
ジョージア州
四季があり、日本と似た気候。州都のアトランタ市は南部を代表する大都市。小説『風と共に去りぬ』の舞台となった地。キング牧師の出身地でもある。

第二の故郷・石川県珠洲市。中学校や高校で英語を教えた思い出の地。

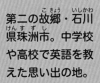

Q 日本へ来て、どんなことを感じましたか？

A まわりがみんな日本人でおどろきました

　日本に日本人がいるのは当たり前と思うでしょうが、アメリカには、さまざまな人種や国籍の人が多くいます。髪の色、目の色、肌の色なども、それぞれちがいます。だから、日本で最初に電車に乗ったときに、まわりの人全員が同じように見えて、本当にびっくりしました。

こんなところにビックリ！

イメージより近代化していた
　祖父母や父たちが、1960〜70年代の日本に住んでいました。当時の話を聞いていたため、1992年に来日したときに、25年間の日本の変化を感じて、おどろきました。

Q 小学生のころの
楽しみは何でしたか？

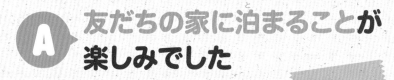

いつも遊んで
いた、ジョー
ジアの実家に
ある裏庭。

A 友だちの家に泊まることが
楽しみでした

わたしの家は、小学校から15キロほど
はなれたところにありました。アメリカ
の多くの小学生と同じように、わたしも
スクールバスで通学。バスの中で友だち
と話したり、宿題をしたりしました。

アメリカでは、週末などに友だちの家
に泊まりに行くことがよくあります。日
本ではあまりしないようですが、みなさ
んはどうですか？

好きだった科目

英語（国語）

小さいころから読書が大
好き。宿題をするのも楽
しかった。

飛び級（P29）したため同
級生よりも2歳ほど年下
だったこともあり、あま
りうまくできなかった。

苦手だった科目

体育

Q 大事にしている言葉を
教えてください

日本の大道芸「ガ
マの油売り口上」。
筑波山にある保存
会の会員になった。

A 「If you do your best and your best
isn't very good, that's life. However,
if you don't do your best,
no matter how good what you
do is, that's cheating.」

「一生懸命がんばってもいい結果を出せなかったら、しかたない。
でも、がんばらないのは、どんなにすぐれた結果が出ても失礼だよ。」

得意、不得意とは関係なく、やってみようとする気持ちを大事にした
いです。一生懸命にやれば、その気持ちが伝わると思います。

移住や旅行で行き来がたくさん

日本人がもっとも多く訪れている外国はアメリカです。
移住したり、旅行に行ったりと、大勢が行き来しています。

日本人が多く住んでいる国（2018年）

1位 **アメリカ** ➡ **44**万**6,925**人

2位 **中国** ➡ **12**万**76**人

3位 **オーストラリア** ➡ **9**万**8,436**人

（資料：「海外在留邦人数調査統計（令和元年版）」外務省）

海外に住んでいる日本人（永住者と3ヵ月以上の長期滞在者の合計）の約32％が、アメリカに住んでいます。これはどの国よりも多い割合で、年々、増えています。
アメリカの都市別で見ると、ロサンゼルス、ニューヨーク、サンフランシスコなどが多いです。

ロサンゼルス
在留日本人
6万**8,823**人
（2018年）

©ロサンゼルス観光局

これらの都市圏にはとくに多くの日本人が住んでいるよ

ニューヨーク
在留日本人
4万**7,563**人
（2018年）

サンフランシスコ
在留日本人
1万**9,255**人
（2018年）

©サンフランシスコ観光局

©Mikelandelo1/Shutterstock.com

日本人が多く訪問している国 (2017年)

1位 アメリカ* → 359万 5,607人
*北マリアナ諸島、グアム、米領サモア、プエルトリコ、米領バージン諸島などもふくむ。

2位 中国 → 268万 33人

3位 韓国 → 231万 1,447人

(資料:「各国・地域別日本人訪問者数〔日本から各国・地域への到着者数〕(2014〜2018年) JNTO」)

観光旅行などで日本人が多く訪問している国の第1位はアメリカです。アメリカ本土だけでなく、ハワイやグアム、サイパンなどの人気観光地もふくみます。

反対に、アメリカから日本を訪れる人も増えていて、東京都や千葉県、京都府などに多く来ています。

内訳を見てみると……

リゾート地であるハワイとグアムへの日本人旅行者がとくに多い。

ハワイ 44%
158万 7,781人

その他

グアム 17%
62万376人

写真提供:ハワイ州観光局

エメラルドグリーンの海がひろがるハワイは、日本人旅行者に人気のリゾート地。

COLUMN

アメリカで活やくする日系アメリカ人※たち

日系2世でハワイ出身のダニエル・イノウエは、日系アメリカ人として初の連邦上院議員になりました。ハワイ州の旧ホノルル国際空港は、彼の名にちなんで、ダニエル・K・イノウエ国際空港と名前を変えました。政治家のノーマン・ミネタやピート・ラウス、ノーベル物理学賞を受賞した南部陽一郎なども日系アメリカ人です。

©my_photos/Shutterstock.com

空港の建物には DANIEL K. INOUYE の文字。

※ここでは、アメリカ国籍で日系移民の子孫や日本人を祖先にもつ人のことをさしています。

貿易額はトップクラス

海外の国を相手にものを買うことを輸入、ものを売ることを輸出といい、
これを貿易といいます。アメリカと日本は、貿易で多くの金額をやりとりしています。

日本 → アメリカ

光学機器・
医療機器
4.9%

その他

化学品等
9.8%

日本の輸出額
15兆4,702億円
（2018年）

電子・
電気機器
12.4%

自動車、
その部品
36.0%

一般機械
22.5%

（資料：財務省貿易統計、
「世界貿易投資報告2019年版」
JETRO）

● 日米の貿易総額（日本の貿易全体における割合）

2000年	23兆1,347億円（25.0%）
2010年	16兆2,854億円（12.7%）
2018年	24兆4,851億円（14.9%）

（資料：財務省貿易統計）

日本からアメリカに多く輸出しているものは、自動車、一般機械、電子・電気機器などです。とくに自動車は、長年にわたり安定して輸出されています。

ただ、1965年以降、日米貿易ではアメリカが赤字を出しているため、アメリカは日本製品の輸入制限をもちかけました。これが、貿易摩擦のひとつの原因になりました。

写真：トヨタ自動車株式会社

1958年、アメリカ向け「トヨペットクラウン」が
船に積みこまれている様子。

● 日本の自動車輸出相手国（2018年）

アメリカへの
自動車輸出が
いちばん多いんだ

その他

アメリカ
36.8%

オーストラリア
6.9%

中国
5.2%

アラブ首長国連邦
4.4%

カナダ
3.2%

アメリカ ➡ 日本

©Denton Rumsey／Shutterstock.com

アメリカの農場経営は大規模。農薬散布に飛行機を使うことも。

食料品・農水産物
18.3%

その他

日本の輸入額
9兆149億円
（2018年）

化学品等
17.1%

光学機器・医療機器
10.0%

鉱物性燃料等
12.1%

一般機械
10.9%

（資料：財務省貿易統計、「世界貿易投資報告2019年版」JETRO）

● 日本がアメリカから輸入している主な農産物
（2018年）

南アフリカ共和国——
2.1%
ブラジル————
4.6%
その他

とうもろこし
アメリカ
91.9%

オーストラリア
16.7%
その他

小麦
カナダ **アメリカ**
33.2% 48.3%

カナダ
13.4%
その他

ブラジル **大豆**
15.8%
アメリカ
69.1%

　アメリカは世界一の農産物輸出国で、世界の食料庫といわれています。日本がアメリカから多く輸入しているものも、とうもろこしや大豆、小麦などの農産物です。1980年代には、アメリカが日本に農産物（米、牛肉、オレンジ）の輸入を自由化するよう求め、貿易摩擦がおこりました。

（資料：財務省貿易統計、JFTCきっず★サイト）

COLUMN

はたらく場をつくる日本企業

　日本の自動車メーカーなどの製造業や卸売業などの企業はアメリカに工場をもっていて、アメリカ人にはたらく場を提供しています。
　アメリカにおいて各国の企業がどのくらい現地の人びとを雇用しているかを示すデータによると、イギリスについで日本は2位になっています。

● 日本企業による雇用創出（州ごと・2016年）

・カリフォルニア州	約11万7,900人
・オハイオ州	約6万2,800人
・テキサス州	約5万1,300人
・インディアナ州	約5万600人
・テネシー州	約4万8,600人
全米合計	約86万1,000人

（資料：「米国経済と日米経済関係」2019年 外務省）

文化、スポーツに国境なし

アメリカで発展したエンターテインメントやスポーツは、日本をはじめ世界中で親しまれています。また、文化においてもアメリカと日本は深くかかわっています。

音楽

アメリカのポピュラー音楽（大衆に親しまれている音楽）は、バラエティ豊かです。アメリカは多国籍の移民からなる国。そのそれぞれの民族に音楽があり、たがいに影響を受け、新しい音楽が生まれたからです。

そんなアメリカの音楽は世界中に影響を与え、日本のJ-POPにもつながっています。

写真：Alamy／アフロ

写真：Album／アフロ

ロックンロール

1950年代に、R＆Bとカントリー音楽を合わせたロックンロールが流行。エルヴィス・プレスリーなどのロックスターが若者の間で大人気に。

アフリカ系音楽

アメリカ音楽にはアフリカ系の影響が大きい。教会で歌われたゴスペル、ブルース、ジャズ、R＆B（リズム・アンド・ブルース）などがある。

ぼくたちの知っている歌にもアメリカ生まれがあるんだって

日本語になって「90年」が「100年」に変わったんだね

日本の子どもたちが歌う曲のなかには、アメリカ民謡をもとにしたものがあります。たとえば、「大きな古時計」や「線路は続くよどこまでも」や「森のくまさん」などです。

My Grandfather's Clock（歌詞 −部抜粋）
1876年 作詞作曲：ヘンリー・クレイ・ワーク

Ninety years without slumbering,
tick, tock, tick, tock,
His life seconds numbering,
tick, tock, tick, tock,
It stopp'd short, never to go again
When the old man died.

大きな古時計（歌詞 −部抜粋）
1962年 訳詞：保富康午

100年休まずに
チク、タク、チク、タク
おじいさんといっしょに
チク、タク、チク、タク
いまは　もう　動かない
その時計

JASRAC 出 2000876-001

映画

1910年代にユダヤ系移民がハリウッドに映画スタジオを設立して以降、映画産業が発展しました。初期は音のないモノクロ映像でしたが、1930年代にはカラーの技術が開発され、『風と共に去りぬ』などの名作を残しました。現在まで多くの名作や映画スターを生み出しています。

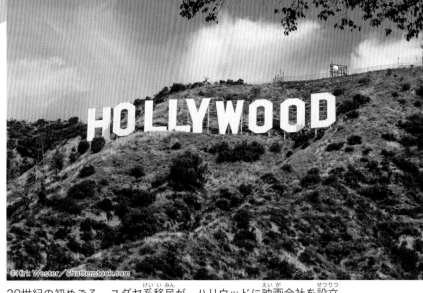

©Kirk Wester/Shutterstock.com

20世紀の初めごろ、ユダヤ系移民が、ハリウッドに映画会社を設立。映画のまちに成長した。

日本の歴代興行収入ランキング（2019年11月時点）

1	千と千尋の神隠し（2001年）	🇯🇵	東宝
2	タイタニック（1997年）	🇺🇸	20世紀FOX
3	アナと雪の女王（2014年）	🇺🇸	ディズニー
4	君の名は。（2016年）	🇯🇵	東宝
5	ハリー・ポッターと賢者の石（2001年）	🇺🇸	ワーナー
6	ハウルの動く城（2004年）	🇯🇵	東宝
7	もののけ姫（1997年）	🇯🇵	東宝
8	踊る大捜査線 THE MOVIE 2 レインボーブリッジを封鎖せよ!（2003年）	🇯🇵	東宝
9	ハリー・ポッターと秘密の部屋（2002年）	🇺🇸	ワーナー
10	アバター（2009年）	🇺🇸	20世紀FOX

（資料：「歴代興収ベスト100」興行通信社）

上位10作品中の5作品がアメリカ映画だ

ウォルト・ディズニー・スタジオ (The Walt Disney Studios)

1923年に創業。映画の製作や配給のほか、音楽や演劇もあつかう。

ワーナー・ブラザース・エンターテイメント (Warner Bros. Entertainment Inc.)

1923年に設立。世界で初めて音声のある長編映画を公開した。

20世紀フォックス映画 (Twentieth Century Fox Film Corporation)

1935年に映画会社が合併して設立。現在はディズニーの子会社。

COLUMN

日本映画、アニメはアメリカでも人気

『羅生門』などの名作で知られる黒澤明監督はハリウッドの映画監督からも尊敬されていて、ジョン・スタージェス監督は黒澤監督の『七人の侍』をリメイクして『荒野の七人』を撮影しました。また、宮崎駿監督がひきいるスタジオジブリのアニメ作品もアメリカで人気が高く、多くのクリエイターに影響を与えています。

『マグニフィセント・セブン』
発売・販売元：ソニー・ピクチャーズ エンタテインメント

2016年（日本は2017年）には、『七人の侍』『荒野の七人』を受け継ぐリメイク作品『マグニフィセント・セブン』が公開された。

ミュージカル

イタリア歌劇のオペラやヨーロッパで流行したオペレッタ（喜劇性の強い音楽劇）に、さまざまなショーの要素をもりこんだものが、ミュージカルです。20世紀に入って、ニューヨークにあるブロードウェイの劇場街などを中心に大きく発展。多くのヒット作が生まれ、世界中で上演されています。

写真：Splash／アフロ

ブロードウェイ ロングランベスト10

1	オペラ座の怪人	→ 13,294 回	（1988年〜上演中）
2	シカゴ　リバイバル版	→ 9,618 回	（1996年〜上演中）
3	ライオンキング	→ 9,227 回	（1997年〜上演中）
4	キャッツ	→ 7,485 回	（1982〜2000年）
5	ウィキッド	→ 6,761 回	（2003年〜上演中）
6	レ・ミゼラブル	→ 6,680 回	（1982〜2003年）
7	コーラスライン	→ 6,137 回	（1975〜1990年）
8	オー！カルカッタ　リバイバル版	→ 5,959 回	（1976〜1989年）
9	マンマ・ミーア！	→ 5,758 回	（2001年〜2015年）
10	美女と野獣	→ 5,461 回	（1994〜2007年）

（順位・上演回数は2020年1月5日現在、PLAYBILL調べ）

30年以上も上演を続けている作品もあるんだ！

多くの場合、ブロードウェイでは上演期間が決まっていない。人気が出て上演が続くことをロングランという。

COLUMN

子どもも大人もディズニーに夢中！

1955年、カリフォルニア州に、ミッキーマウスの生みの親、ウォルト・ディズニーが発案した遊園地、ディズニーランドが登場しました。

子どもだけでなく大人も楽しめる夢の国は、またたく間に大人気に。1983年には、日本の千葉県に「東京ディズニーランド」が開業しました。

写真：つのだよしお／アフロ

写真：USA TODAY Sports／ロイター／アフロ

バスケットボール

冬でも体育館でできるバスケットボールは、高校や大学でも人気のスポーツ。プロチーム（NBA）にはアフリカ系の選手が多い。2019年、八村塁がドラフト指名を受け、NBA選手になった。

田臥勇太や渡邊雄太もNBAの選手になった！

アメリカンフットボール

アメリカの国民的スポーツは、アメリカンフットボール。プロチーム（NFL）の優勝決定戦である「スーパーボウル」の期間はお祭りさわぎになり、多くの人がテレビ観戦を楽しんでいる。

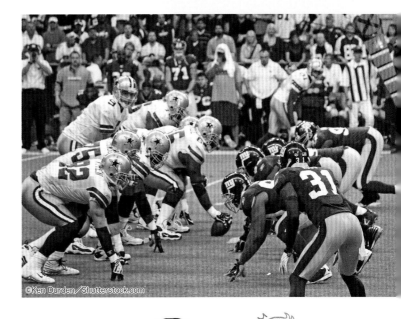

©Ken Durden／Shutterstock.com

スポーツ

　アメリカは多民族国家なので、人種や言葉のかべをこえて楽しめるスポーツは、人びとの気持ちをひとつにする役割もはたしています。とくにアメリカ人に人気が高いのは、つぎの3つです。

ベースボール（野球）

アメリカで発展した野球は、日本でも人気のスポーツ。アメリカの選手が日本のプロ野球で活やくしたり、日本人選手がアメリカのメジャーリーグ（MLB）で活やくしたりしている。

©カリフォルニア州観光局

これはビックリ！

100年以上前から日米で野球をしていた

　1872年、日本にいたアメリカ人教師が生徒にベースボールを教えたことが、日本の野球のはじまりといわれています。

　1908年にはアメリカのプロ野球チーム「リーチ・オール・アメリカン」が来日。以降、100年以上にわたり日米の野球を通じた交流は続いています。

町中で日米文化交流

アメリカと日本の各地で、両国の人びとの交流をうながすイベントが行われています。
なかには100年以上の歴史があるものもあります。

©Sean Pavone／Shutterstock.com

ワシントン D.C.

全米桜祭り

ワシントン D.C のポトマック川沿いの入り江には、1912年に日本からアメリカに寄贈された桜が植えられています。

毎年、春になると「全米桜祭り」が開かれ、アメリカの人びとはもちろん世界中から100万人をこえる花見客でにぎわいます。期間中は、パレードなども行われます。

少し昔の
日本を感じられる
建物が並ぶよ

ロサンゼルス

リトルトーキョー

ロサンゼルスには、リトルトーキョーという日本人街があります。1885年にチャールズ・カメという人がレストランを開いたのを機に日系人が多く住むようになり、寺院や学校、全米日系人博物館などが建てられました。2世ウィーク※には「七夕まつり」も開催。近年は日本以外のアジア系も増えています。

※1930年代にはじまった、日系人のお祭り。

©Michael Gordon／Shutterstock.com

米軍基地で「フレンドシップデー」

日本の米軍基地では、日米親睦のためのイベントが行われています。例年5月の「岩国航空基地フレンドシップデー」は迫力ある航空ショーが有名。

8月の「ヨコスカフレンドシップデー」では、横須賀開国花火大会を見たり、屋台でアメリカの食事などを楽しむことができます。

アメリカに行った気分を味わえるかな

©米海軍横須賀基地

基地内の一部に入ることができ、ステーキやハンバーガーなどのアメリカ料理を食べたり、演奏やショーを楽しむこともできる。

日本とアメリカの姉妹都市クイズ

日本とアメリカの姉妹都市の数は、都道府県で26、市区で354、町村で75、合計455（2019年現在）もあります。日本にとってアメリカはもっとも姉妹都市の多い国で、日米の交流の深さがうかがえます。では、下のクイズにチャレンジしてみましょう。

アメリカの都市

1〜5がそれぞれどんな都市なのかヒントを読んでみよう。

日本の都市

アメリカの都市1〜5と姉妹提携している日本の都市をA〜Eの中から選んで□に書こう。

1 マサチューセッツ州
「少年よ大志を抱け」で有名なクラーク博士の出身地。

A 白浜町（和歌山県）

2 ベルフォンテン（オハイオ州）
本田技研工業が近くに工場を建設。

B 新城市（愛知県）

3 サンブルーノ（カリフォルニア州）
サンフランシスコ空港の隣接地。日本の空の玄関は？

C 北海道

4 ニューキャッスル（ペンシルベニア州）
「新しい城」という意味をもつ都市。同じ意味は……。

D 成田市（千葉県）

5 ホノルル（ハワイ州）【ワイキキビーチ】
ワイキキビーチと「友好姉妹浜提携」を結んだ白良浜ビーチがあるのは？

E 鈴鹿市（三重県）

正解は46ページへ！

45

全巻共通さくいん

さくいんの見方
②4 → 第2巻の4ページ。

このシリーズで紹介している主な国、地域、都市（青字は地域、都市名）

あ

アメリカ ······················ ②4、⑤9、29、34
アルゼンチン ························· ⑤35、37
イギリス ······························ ⑤22、28
イタリア ······························ ⑤23、35
インチョン ································· ①6
インド ····································· ⑤12
インドネシア ························· ⑤13、19
ウズベキスタン ························· ⑤13
エジプト ··································· ⑤31
オーストラリア ····················· ⑤35、43

か

ガーナ ····································· ⑤32
カナダ ······························ ⑤29、38
韓国 ····························· ①4、⑤9、34
カンボジア ································· ⑤14
ギニア ····································· ⑤32
ギリシャ ······························ ⑤21、29
グアム ····································· ②37
ケニア ····································· ⑤31

さ

サウジアラビア ····························· ④4
サンフランシスコ ······················ ②6、36
上海 ··· ③8
ジョージア ································· ⑤14
スイス ······························ ⑤24、28
スコットランド ··························· ⑤20
スペイン ··································· ⑤24
ソウル ········ ①4-7、22、26、29、31、39

た

タイ ································· ⑤15、19

台湾

台湾 ································· ③9、13
タンザニア ································· ⑤18
チェジュ ··································· ①6
中国 ····························· ③4、⑤9、29、34
チリ ····································· ⑤39
デンマーク ································· ⑤29
ドイツ ··························· ⑤25、29、35
トルコ ····································· ⑤16

な

ニュージーランド ····················· ⑤35、44
ニューヨーク ······················ ②5、7、36

は

ハイチ ····································· ⑤19
パキスタン ································· ⑤18
バチカン ··································· ⑤20
パナマ ····································· ⑤36
ハワイ ··························· ②6、12、37
バングラデシュ ··························· ⑤11
フィリピン ································· ⑤11
フィンランド ························· ⑤21、28
プサン ·················· ①5、7、13、38
ブラジル ··························· ⑤34、35、40
フランス ··························· ⑤26、28、35
北京 ································· ③5、8
ベトナム ··································· ⑤17
ペルー ······························ ⑤37、39
香港 ··· ③8

ま

マーシャル諸島 ··························· ⑤45
マカオ ····································· ③8
マッカ ····························· →メッカ
マディーナ ····················· →メディナ

　＊45ページ「姉妹都市クイズ」の答え…1-C、2-E、3-D、4-B、5-A

もっと知りたい人は調べてみよう！

【世界の国・地域全般について】

外務省「国・地域」
https://www.mofa.go.jp/mofaj/area/
index.html
国際協力機構（JICA）キッズコーナー
「どうなってるの？世界と日本―私たちの日常から途上国とのつながりを学ぼう」など
https://www.jica.go.jp/kids/

【貿易について】

日本貿易会　JFTCきっず★サイト
https://www.jftc.or.jp/kids/
日本貿易振興機構（ジェトロ）
「国・地域別に見る」
https://www.jetro.go.jp/world/

【世界の学校、子どもたちについて】

外務省　キッズ外務省
「世界の学校を見てみよう！」
https://www.mofa.go.jp/mofaj/kids/kuni/
index.html

日本ユニセフ協会
子どもと先生の広場「世界のともだち」
https://www.unicef.or.jp/kodomo/lib/
lib1_bod.html

【国際交流などについて】

自治体国際化協会（クレア）「自治体間交流」
http://www.clair.or.jp/j/exchange/
日本政府観光局（JNTO）「統計・データ」
https://www.jnto.go.jp/jpn/statistics/
index.html

監修
井田仁康（いだ・よしやす）
筑波大学人間系教授。1958年生まれ。社会科教育、特に地理教育の研究を行っているほか、国際地理オリンピックにもたずさわっている。

取材協力	プリジョン フランク
イラスト	植木美江
デザイン	八月朔日英子
校正	渡邉郁夫
編集協力	オフィス201（高野恵子）、中山恵子

写真協力・提供（写真の位置は、各ページの上から順に番号をふりました）

「あかりの日」委員会（P25②）／アフロ（P13③、P21①、P24①、P30③、P40①②、P42①②、P43①）／Wikimedia Commons（P5、P13①、P26①）／ANA（P24④）／株式会社セブン＆アイ・ホールディングス（P23①②）／カリフォルニア州観光局（P6①、P43③）／クリスピー・クリーム・ドーナツ・ジャパン株式会社（P18④）／佐藤洋一（P13④、P24②、P29①）／サンフランシスコ観光局（P36③）／Shutterstock.com（P7①②、P9①、P11②、P14①、P15①②③、P22①②、P24③、P30②、P36②、P37②、P39①、P41①、P43②、p44①②）／ソニー・ピクチャーズ エンタテインメント（P41②③）／東京都歴史文化財団（P11①）／東芝未来科学館（P25③）／トヨタ自動車株式会社（P38①）／NASA（P25④）／日本KFC（P18②）／日本サブウェイ合同会社（P18③）／日本マクドナルド株式会社（P18①）／ハッピージャパン（P25①）／ハワイ州観光局（P13②、P37①）／広島県（P13⑤）／プリジョン フランク（P34-35）／米海軍横須賀基地（P3②、P45①）／リーバイ・ストラウス ジャパン株式会社（P20①）／ロサンゼルス観光局（P36①）

【表紙右から3点：Shutterstock.com】

＊写真は、権利者の許諾を得て、または、収蔵元の指定する手続に則って使用していますが、心当たりのあるかたは、編集部までご連絡ください。

参考文献

『アメリカ文化事典』（アメリカ学会編／丸善出版）
『アメリカ文化事典』（亀井俊介編／研究社出版）
『池上彰のよくわかる世界の宗教 アメリカの宗教』（池上彰著、こどもくらぶ編／丸善出版）
「海外移住資料館 展示案内 われら新世界に参加す」（JICA横浜国際センター）
『基本地図帳 改訂版 2019-2020』（二宮書店）
『きみにもできる国際交流⑨アメリカ』（真山美雪、中島章夫共著、中島章夫監修／偕成社）
『国別 世界食文化ハンドブック』（ヘレン・C・ブリティン著、小川昭子、海輪由香子、八坂ありさ訳／柊風社）
『国別大図解 世界の地理5 南北アメリカの国々』（井田仁康監修／学研）
『知ってるようで知らない国アメリカ（全3巻）』（阿川尚之監修／岩崎書店）
『新版 世界の学校 教育制度から日常の学校風景まで』（二宮皓編著／学事出版）
『世界国勢図会2019/20年版』（矢野恒太記念会）
『世界のともだち アメリカ』（鈴木智子著・写真／偕成社）
『地図で見るアメリカハンドブック』（クリスティアン・モンテス、パスカル・ネデレク著、鳥取絹子訳／原書房）
『データブック オブ・ザ・ワールド2019』（二宮書店）
『ナショナルジオグラフィック 世界の国 アメリカ』（エルデン・クロイ著、ジョン・フレーザリー・ハート、キャサリン・グディス監修／ほるぷ出版）
『ニューワイドずかん百科 世界がわかる子ども図鑑』（河添恵子著／学研）
『理科年表2020』（国立天文台編／丸善出版）
『わくわく発見！世界の民族衣装』（竹永絵里画／河出書房新社）

もっと調べる 世界と日本のつながり❷
アメリカ
NDC290

2020年3月31日 第1刷発行　　　　　48p　29cm×22cm

監 修	井田仁康
発行者	岩崎弘明
発行所	株式会社 岩崎書店　〒112-0005　東京都文京区水道1-9-2
	電話　03-3813-5526（編集）　03-3812-9131（営業）
	振替　00170-5-96822
印刷・製本	図書印刷株式会社

もっと調べる
世界と日本の
つながり

全 5 巻

［監修］井田仁康

第 1 巻
韓 国

第 2 巻
アメリカ

第 3 巻
中 国

第 4 巻
サウジアラビア

第 5 巻
日本と結びつきの強い国ぐに

岩崎書店

キーワードで調べてみよう

このシリーズでは、下のようなさまざまな切り口から
日本と外国のつながりを紹介しています。

国

どんな国旗があるかな？
主な都市、通貨、
気候、祝祭日、言葉、
歴史なども見てみよう。

© Irfan Mulla/Shutterstock.com

宗教

サウジアラビアでは
イスラム教にのっとって
生活するんだ。それぞれの
国の宗教を調べてみよう。

© Korea Tourism Organization

貿易

日本と外国は、たがいに
モノやエネルギーを売ったり
買ったりしているよ。

食・衣服・
くらしの習慣

食べ物や民族衣装、
日々の生活は、日本とどんな
ちがいがあるだろう？

留学生

外国から日本へ
留学している人の話を
聞いてみよう。